W9-BHL-169

ARAÑAS PESCADORAS

LAS ARAÑAS

Louise Martin
Versión en español de Aída E. Marcuse

The Rourke Corporation, Inc.
Vero Beach, Florida 32964

Library of Congress Cataloging-in-Publication

Martin, Louise, 1955-
[Fishing spiders. Spanish]
Arañas pescadoras / de Louise Martin; versión en español de Aída E. Marcuse
p. cm. — (Biblioteca de descubrimiento: Las arañas)
Incluye índices.
Resumen: Describe las características físicas, las costumbres y el ambiente natural de dos clases de arañas pescadoras, la Dolomedes tritón de América del Norte y la Argyroneta europea.
ISBN 0-86593-308-1
1. Dolomedes—Literatura juvenil. 2. Argyroneta—Literatura juvenil. [1. Dolomedes. 2. Argyroneta. 3. Arañas pescadoras. 4. Arañas. 5. Materiales en idioma español.] I. Título. II. Series: Martin, Louise, 1955- Biblioteca de descubrimiento: Las arañas.
QL458.42.P5M3718 1993
595.4'4—dc20 93-3905
CIP
AC

ÍNDICE

ARAÑAS PESCADORAS

Se llama *Dolomedes* (Do-lo-me-des) y *Argyroneta* (Ar-gy-ro-ne-ta) a dos clases distintas de arañas. Ambas pertenecen a la familia *Pisauridae.* Las arañas de esta familia son bastante grandes y fuertes. Tienen patas largas y están cubiertas de un pelo corto. La *Dolomedes* es de color marrón oscuro con marcas amarillas, y la *Argyroneta* es marrón y tiene el **abdomen** gris.

Una araña pescadora posada sobre una planta acuática

DÓNDE VIVEN

La araña pescadora de América del Norte, la *Dolomedes tritón,* a veces es llamada "araña de seis puntos" porque tiene seis manchitas en la espalda. Otras especies de arañas *Dolomedes* son comunes en Europa, Australia y Sud África. La araña *Argyroneta* se encuentra solamente en el norte de Europa. Tanto la *Dolomedes* como la *Argyroneta* viven en pantanos, ciénagas, lagos y lagunas; o sea: en el agua.

Una araña Dolomedes tritón en la superficie de una laguna

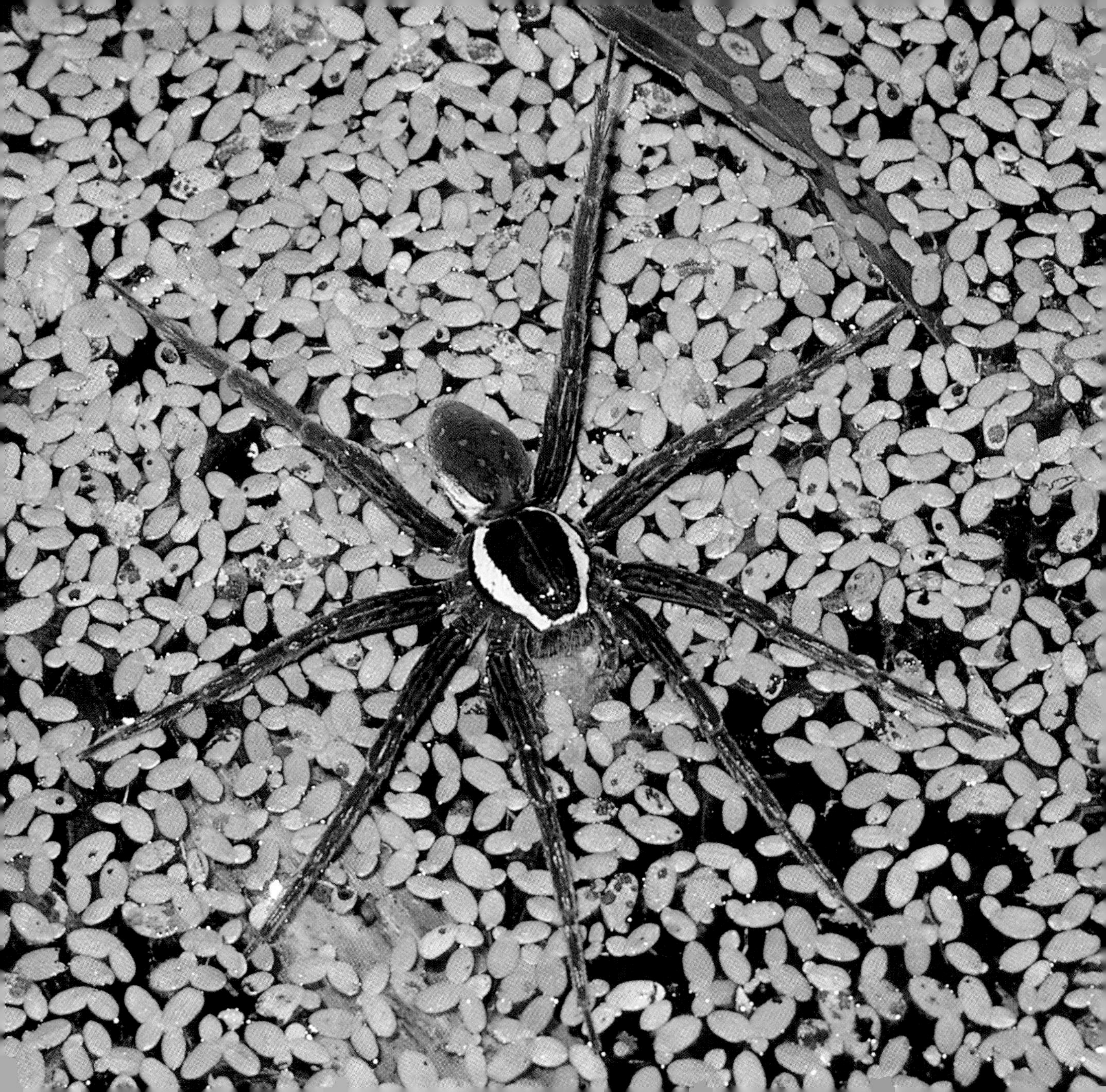

LAS HEMBRAS DE LA ARAÑA DOLOMEDES

Durante los meses de verano, las hembras de la araña Dolomedes ponen varias tandas de huevos. Pueden poner hasta mil huevos cada vez, en dos **bolsas** de color verdáceo. Las arañas sumergen las bolsas en el agua a menudo, para conservarlas siempre húmedas y evitar que los huevos se sequen y las **arañuelas** no nazcan.

Las hembras *Dolomedes* hilan seda alrededor de las bolsas de huevos y las llevan bajo el abdomen durante dos o tres semanas.

Una hembra de araña pescadora acarreando su bolsa de huevos.

LAS ARAÑUELAS DOLOMEDES

Cuando las arañuelas están por nacer, la hembra *Dolomedes* deposita con cuidado las bolsas de los huevos en el suelo y empieza a hilar una **carpa de crianza** alrededor de ellas. Las arañuelas nacen protegidas por ella. Las arañas madres vigilan constantemente a sus hijos mientras están en la carpa. Cuando las arañuelas han **mudado** dos veces, ya son suficientemente grandes como para abandonar la carpa.

Una araña pescadora vigila su carpa de crianza

Una Argyroneta con su campana

Las Argyronetas viven sobretodo bajo el agua

CÓMO VIVEN BAJO EL AGUA

Las *Argyronetas* pueden pasarse la vida entera bajo el agua, pues construyen una especie de campana de buzo para que les sirva de casa. Primero amarran una pieza de seda a algún tallo o planta debajo del agua. Entonces vuelven a la superficie y almacenan aire en su abdomen. Después nadan de vuelta a la bóveda de seda y sueltan la burbuja de aire dentro de ella. Al cabo de varios viajes llevando aire de la superficie a su casa acuática, la campana está lista para que puedan vivir en ella.

Una Dolomedes bajo el agua con su burbuja de aire.

QUÉ COMEN LAS ARGYRONETAS

Las *Argyronetas* se alimentan sobretodo de los insectos que encuentran en el agua, pero también comen pececitos, huevos de pescado y **renacuajos.** Estas arañas acomodan el cuerpo en sus "campanas" y dejan las patas en el agua. Pueden percibir el movimiento de los peces e insectos que pasan cerca y, cuando sienten que alguna **presa** apropiada está a su alcance, las *Argyronetas* saltan sobre ella y arrastran a su víctima a la campana para comérsela.

Una araña pescadora agita las patas en el agua para atraer insectos

LAS DOLOMEDES

Las *Dolomedes* no permanecen bajo el agua tanto tiempo como las *Argyronetas*, ni construyen sus nidos bajo el agua. En cambio, pasan casi todo el tiempo en la superficie del agua y pueden correr con la misma facilidad sobre el agua que sobre la tierra.

A veces, la *Dolomedes* debe bucear bajo la superficie en busca de presas o para evitar a sus **predadores.** En esos casos, retiene pequeñas burbujas de aire en los pelos de su cuerpo, que le permiten respirar mientras está bajo el agua.

Una araña pescadora comiéndose una mosca

LAS PRESAS DE LAS DOLOMEDES

Las *Dolomedes* y las *Argyronetas* nunca comen en el agua. Como todas las arañas, tienen que inyectar a sus presas con **veneno** para **paralizarlas.** Si hicieran esto en el agua, el veneno se **diluiría** y perdería eficacia. Las *Argyronetas* arrastran a sus presas a la seguridad de su campana, mientras que las *Dolomedes* las sacan del agua y las ponen sobre una hoja o en tierra firme. Una vez allí, se las comen.

Una araña pescadora con su telaraña de crianza

CÓMO COMEN

Las *Dolomedes* comen los insectos que caen en los pantanos o lagunas donde viven. Normalmente los atrapan en la superficie del agua. A veces, la *Dolomedes* se sienta en una hoja en medio del lago, y agita suavemente las patas delanteras dentro del agua. El movimiento de las patas atrae a los pececitos pequeños y los hace ir a la superficie. Cuando uno de ellos se acerca lo suficiente, la araña lo atrapa con sus fuertes mandíbulas.

Glosario

abdomen (ab-do-men) — la parte de abajo del cuerpo de una araña

arañuelas (a-ra-ñue-las) — crías de las arañas

bolsas (bol-sas) — envolturas que contienen los huevos

carpa de crianza (car-pa de crian- za) — una pieza de seda, en forma de carpa, hilada por las hembras de las arañas para proteger sus huevos y a las arañuelas

diluir (di-lu-ir) — debilitar un fluído agregándole agua

mudar (mu-dar) — deshacerse de la capa exterior de piel o pelo

paralizar (pa-ra-li-zar) — hacer que una persona o un animal no pueda moverse

predador (pre-da-dor) — un animal que caza a otros para alimentarse

presa (pre-sa) — animal que es cazado para servir de alimento

renacuajos (re-na-cua-jos) — pequeñas criaturas negras, parecidas a peces, que al crecer se transforman en ranas o sapos

veneno (ve-ne-no) — ponzoña

ÍNDICE ALFABÉTICO